Kim Mi-Suk

시인 김미숙

멸치 공화국

김미숙 시집

멸치 공화국

Poetics 시학

■ 시인의 말

잠 속에서 눈뜨는 시간이 많아졌다
창가에는 이미 새벽이 노크하고 있는데
깨어 나를 보면 여전히 자고 있다

때로 그런 내게 분노하고
혹은 절망하다가
손가락질하고 낄낄대다가
가끔 연민을 느끼면
혼자 울다가

마침내 해가 떠오르면
잠든 나를 깨워
다시 작은 배 한 척을 띄운다

2014년 4월
김미숙

차 례

제1부

제2부

제3부

제4부

제5부

제1부

베짱이 시대

이제 그대들 시대는 갔다

개미들, 임대아파트 하나 장만하자고
얼굴이 까매질 때까지 밤새우며
비정규직 일용직으로 전전하면서 졸라매던
허리띠 이마에 질끈 묶고 주먹 흔들지만

지금은 베짱이 시대
놀고먹고 노래나 부르는 건달이라고?
천만에 요즘은 연예계로 진출해서
스포트라이트 듬뿍 받는다네

한때 나를 문전박대하던 개미들
이젠 내게 사인 한 장 해 달라고 몰려들지
오냐, 사인해 주마
영원한 노예계약서에 흔쾌히 사인해 주마

바야흐로 건달바의 세상이 도래했음이라

숨길 것 많은 곳에 털이 난다?

동물원 사자가 말했다
희멀건 가죽에 머리에만 털이 자라는
인간들, 거참 희한한 짐승이라고

내가 대답했다
사람은 머리에 숨길 생각이 많아 그렇다고
—그러고 보니 숨길 게 많은 곳에만 털이 난다?—

도끼눈 뜨고 다니는 인간들 눈썹에
하는 말마다 거짓말인 놈 주둥이에
어디 그뿐인가
겨드랑이에 졸렬한 체모 숨긴 놈
사타구니에 은밀하게 음모 숨긴 놈
똥꼬에 치모 냄새나게 숨긴 놈

생각 많아 머리에 털이 난다면
짐승들은 온몸으로 생각만 하나?

동물원 앞에서 내 음모를 떠올리는 순간
우리네 조상님 원숭이 한 분께서
빨간 똥꼬 까고 점잖게 지나가신다

무서움을 배우다

아이들은 무서움을 모르네
뜨거운 프라이팬에 데고 칼날에 베이면서
조금씩 두려움을 배우네

철들면서 사람이 무섭고
살면서는 욕망의 불길이 더 무섭다는 걸 알 때쯤
가시가 두려워 생선을 안 먹는 이유도 배우네

어른이 되어 가면서 아이들은 이 사이 낀 가시보다
가슴에 박힌 가시가 얼마나 아픈지
죽는 것보다 사는 것이 얼마나 무섭고 험한지
그걸 알아 가면서 따갑게 세상을 배우네

거칠게 달리는 앰뷸런스나 공동묘지 십자가를 보면서
삶과 죽음 사이에서 방황하기 시작하고
더 빨리 달리지도 더 천천히 멈추지도 못하는
시간 속에서 아이들은

죽은 사람보다 산 사람이 더 무섭다는 것을
천천히 배우네

나는 놀부입니다

사냥꾼이 내게 와서 하소연합니다
선녀와 나무꾼에서 네티즌한테 찍혔던 그는
한번 악당으로 찍히면 끝이라고

사람들은 내 볼에 욕심 꽉 찼다고 손가락질합니다
평생 곁눈질 한번 안 했는데
어느 날 저도 악당으로 찍혔네요

그런데 내 동생 홍부는 돈이 없다면서도
마누라가 열둘에다 애새끼가 서른이 넘는다고 합니다
그거 돈 없이 됩니까? 부모가 재산을 안 나눠 줬는지
나눠 준 재산 곁눈질에 다 까먹었는지 대충 답이 나오는데도
내막도 모르는 네티즌들은 인터넷에
놀부가 죽일 놈이라고 도배질 해 대는데

헐벗은 애새끼 내세워 동정표 잔뜩 얻은 홍부는
결국 제비한테 사기 쳐서 복권 당첨됐지요

평생을 일부일처 하며 재산 불린 게 죄라고

하루아침 사기 복권에 속아 나와 흥부는 집이 바뀌었습니다

그래, 속 후련하십니까?

전화기를 세탁하다

세탁기를 돌리는데 덜거덕 소리가 난다
놀라 세탁기 뚜껑을 여니
아, 내 전화기
꺼내려다가 순간
전화기도 가끔 세탁을 해야겠다는 생각이 든다

정말 더러운 것은 빨래가 아니라
더러운 말들이 오간 전화기 속
질투와 애증과 음모의 말들이 저장된 회로들
구석까지 환하게 빨기 위해 빨래판에 문지르고
방망이 두들겨 찬물에 헹군 뒤 가을 햇살에 넌다
.
.
.
깨끗한 전화기로는
말이 통하지 않는다는 걸
알았다

배꼽

내 배꼽 50년 만에 본다
아침에 일어나서 거울 보고 화장하다가
외출 위해 이 옷 저 옷 고르다가
화장실에 가서 못다 한 결산을 하다가

문득 두개골의 주름 같은 내 배꼽을 본다

이승과의 첫 소통 내 탯줄의 흔적
세상의 중심이던 배꼽에 까맣게 때가 끼어 있다
세상이 더러워진 것인가 내가 더러워졌을까
손톱을 세워 측두엽에서 전두엽까지

주름 사이를 말끔하게 청소하고 나니 배가 아프다

엄마가 그랬지 배꼽에 때 파면 배앓이한다고
세상은 조금 더러워야 따뜻한 것을
서로 때 낀 모습을 모른 체해야 행복한 것을

아침부터 배앓이가 한창이다

멸치 공화국

다 어디로 갔나
고래를 고래라고 이름 붙이고
신화의 대명사로 떠받들던 그 사람들
그들이 멸치라고 이름 붙인 순간부터
나는 졸렬함의 전설 속에서 멸치로 살았다

묻겠다, 내가 당신들에게 무어 그리 졸렬했던가를
한 입 거리도 안 되는 나를 짓씹으며
세상을 씹는다고 착각하는 당신들

우리는 사할린 북쪽에서 남태평양 끝까지
해저 2백 미터 대륙붕 산맥을
가로지르며 누볐다

소주 한 잔에 내 대강이를 씹어 대며
스스로를 위대하다고 믿는 당신들에게
오늘은 나 스스로를 멸치라고 불러 주마

창공을 단숨에 가르는 솔개도
하루에 다섯 뼘 겨우 간다는 달팽이도
그대들의 생각 속에서일 뿐

나는 고래의 신화가 되기를 거부한다
다만 나의 신앙이 되기를 바랄 뿐

새우의 말

등 터지며 살았다
허리 구부린 채 쫓기고 몰리며 산타처럼
펑 하고 나타날 고래 꿈을 꾸었다

기적처럼 범고래를 만난 날
검은 윤기 반짝이던 너는
코로 공 굴리며 재롱떠는 피에로였을 뿐
나의 구세주 산타는 아니었다

잘난 놈은 꼴값을 한다더니
겨우 서커스나 수족관에서 밥이나 구걸하고

차라리 못난 놈이면 어떤가
고래가 되느니 대양을 방황하다가
생의 마지막 날 해장국 솥에서
사람들의 쓰린 속이나 풀어 주는 새우로 사는 것이

방귀

살자고 먹다 보니 죽자고 방귀가 나온다
민망한 마음에 항문 옆에 구멍 여덟 개 뚫었다
도, 레, 미, 파, 솔, 라, 시, 도
요즘은 사람들 내 방구 소리가 아름답단다
숙련 잘된 요즘은 좋은 사람 만나면 발라드 방구
미운 놈 만나면 헤비메탈로 분위기를 깨 버린다

이제는 글로벌 시대, 국악 양악 합치려고
반대쪽에 다섯 개 구멍 더 뚫었다
궁, 상, 각, 치, 우
술 한잔 마시고 거나하게 취하면
춘향가 심청가 판소리 가락 항문 높여 나온다
그러다 어떨 때는 항문 쉰 소리로 피익

그래, 자고로 잘 먹기보다는 잘 싸는 게 행복이라
오늘도 나는 나물먹고 물 마시고 팔베개로 누워
판소리로 발라드를 노래한다

피노키오

— 제페토 할아버지는 어떻게 알았을까
　거짓말하면 코가 길어진다는 걸

사람들은 저마다 쉬쉬하며
날렵하고 뾰족하게 코를 세우지

코가 길어질 때마다 거짓말에도 이자가 붙고
불린 이자 복리로 또 불려
쌍꺼풀로 두세 겹 휘장 치고
튀어나온 욕망 숨기려 광대뼈까지 깎아 내는데

그래도 세상 사람들은
삶에 눌려 납작해진 내 코보다
거짓말로 길어진 피노키오 코에 더 열광하지

내 코가 납작하다고?
천만에, 내 코는 은밀하게 속으로만 자라지
나는 내게만 거짓말하니까

잘났어, 똑똑해, 넌 최고야!

매일 아침 거울 보며 내게만
거짓말을 해야 살 수 있으니까

어찌 氏를 위한 변명

나는 호적 없는 부사다
있어도 그만 없어도 그만인
훈민정음의 엑스트라

명사나 동사가 VIP로 대접을 받는 동안
신발장에 걸려 있는 구둣주걱이다
없어도 구두 신는 데는 별문제 없다
다만 조금 불편할 뿐

그러나 사람들은 다급할 때면 나를 찾는다
출근길엔 제발 조금만 더
눈에 콩깍지가 씌면 죽어도, 죽어도 아니라며
저주할 때는 반드시, 기필코를 외쳐 대다가
문제가 해결되면 '끝내' 버려지고 만다

내가 없어도 아무도 '간절하지' 않다
있으면 있는 대로 없으면 없는 대로
신발장 한구석에 '그저' '그렇게' 매달려 있다가

구둣주걱처럼 던져지는 나의 신세

나는 한평생 이러지도 저러지도 못하는
불구의 '어찌' 詩다

샛 점

한잔 거나해진
친구가 점을 빼란다
콧잔등 점은 샛서방 점이라고

점 빼고 나니
갑자기 길에 점박이만 보이고
샛서방 목줄 묶어 끌고 다니는
콧잔등 점이 도도한 여자들 환상도 보인다

그래도 점 없는 여자들이 더 많다고
위로 술잔 부딪는데 점쟁이 친구
등신, 걔들은 점 뽑아서
겨드랑이나 엉덩이에 숨긴다며 핀잔준다

아뿔싸, 내 점

꽁지탕

모두가 꽁지를 달고 다닌다
분노의 꽁지 배신의 꽁지 슬픔의 꽁지

나는 이미 꽁지 빠진 지 오래
동냥주머니 하나 들고
남들 흘린 꽁지나 줍고 다닌다

한때는 태평양 파도를 꽁지로 가르며
아문센이 간 길 따라
남극해를 횡단하는 꿈도 꾸었다

어릴 적 꿈꾸던 고래 꽁지는
살면서 새우 꽁지로 변하고
시월 바람 떠나는 오늘밤 나는
가을국화 한잔에 주운 꽁지 몽땅 넣고

홀로 꽁지탕을 끓인다

詩, 시리다를 위한 변명

빈속에 사과 한입 베어 무니
이가 시큼 눈이 벌큼
밥을 먹어도 물을 마셔도 이가 시리다

오랜 인연 낡은 약속들
소장 지나 비장 췌장 틈 사이 깊이 묻어도
가끔은 위장 간장 거슬러 올라
관성처럼 반추되는 신물에 진저리 친다

어릴 적 머릿수건 사이로 반짝이던
엄마의 하얀 눈물뼈 아빠의 땀소금도
늑골 깊이 박혀 좀체 빠지지 않는다

사랑, 아픔, 기쁨 따위 너절한
삭아 버린 관념의 찌꺼기들
유년의 산길 바위틈에 피어나는 제비꽃 추억도
생각의 무딘 이빨 사이에 끼어 보랏빛으로 시리다

사는 게 詩다
시가 온통 다 시리다

21세기 디오게네스

마침내 그를 보았다

정치인은 제 주머니 속 나라만 보고
법률가는 고장 난 저울만 보고
교육자는 책장 속에 든 사람만 본다는데

이백과 두보의 생각을 두루 꿰고 있다는 그를
우주 어디에서도 찾지 못했던 그를
바람 부는 물의 나라, 수국水國에서 만났다

시간의 풍랑 위에 조각배 띄우고
울타리 없는 뱃길 따라
삐걱삐걱 다시 돌아온 목천 마을

이제 등불 들고 찾지 않아도
제 스스로 등불이 되어
어둠의 파도 위에 묵묵히 서 있는 그를
마침내 만났다

제2부

사과 한 알

한 알도 벅찼다
섬마을 초등학교 체육 선생님
작은 배에 사과 싣고 하나씩 던지면
고사리손으로 헤엄치며 사과를 줍는다

운 좋아 두 개를 잡으면
가라앉아 짠물 먹기 십상
생명의 한 손은 남겨야 산다는 걸
가르칠 작정이었을까

지금도 인생 짠맛에 눈 아릴 때면
선생님의 사과 한 알을 생각한다
못 잡으면 굶어 죽고
두 개 잡으면 물에 빠져 죽는다는 것을

산다는 것은 그 중간 어디쯤에서
끊임없이 균형 잡는 일이라는 것을

서울은 섬이다

안개 속인가, 아는 얼굴 하나 없다
한잔 술로 불빛에 떠밀리고
낯선 어깨에 부딪쳐 난파선처럼 가라앉는 저녁답
아! 서울도 섬이구나

나 태어난 섬마을은 오래전 아이들 떠나면서
빈 운동장엔 잡초만 키를 다투고
서울 한복판에서도 사람들 뿔뿔이 신도시로 떠나니
근사하던 학교들이 줄줄이 폐교 위기란다

그런 대학로에 내가 혼자 걷는 것이
전혀 이상하지 않는 것은
누구에게나 낯선 곳은 외딴섬인 것을
파도와 부대끼며 혼자가 되는 것을

오늘, 불빛 찬란한 서울 밤하늘엔
식은 달처럼 폐교 하나 떠 있고
부서진 교문 앞에 홀로 앉아 있는
나를 만난다

봄, 우체통

사철 비었던
우체통에 엽서 한 장
누군가 싶어 허리 굽히다
등에 담 붙었습니다
아픕니다

그런데 엽서는 없고
바람에 잘못 날아든 목련꽃 한 잎

봄이 왔습니다
눈물 나게 아픈 봄이 왔습니다

나는 겨울 문턱에 서 있는데
봄이라니요
허리 뜨끔, 사흘 동안 일어나지 못했습니다

밤배

우주선을 타고 학교에 다녔다

섬에서 섬으로 바다에서 별까지
아빠가 노를 젓는 낡은 우주선을 타고

봄바람 불 때마다 낡은 학교 처마에선
아빠의 노 젓는 소리가 들려왔고
학교 지붕에 닻 내리는 꿈을 꾸었다

이제 나 홀로 가야 하는 길
아무리 노를 저어도 이리저리 흔들리기만 할 뿐
낡은 우주선은 어디에도 닿지 못한다

마침내 내 손에 노가 익숙해졌을 때 알았다
아이들을 꿈꾸게 하는 것이 내 몫이라는 것을
오늘도 나는 아버지의 그리운 뱃길을 따라
노를 젓는다

섬 그늘 엄마

내 어릴 적 굴 따던 엄마는
오십 년이 지난 오늘도 굴 따러 간다

일주일만 전화 못하면 굴 껍질보다 더 거친 손으로
전화 번호판 꾹꾹 눌러 어디 아프냐고 딸 안부 묻고
나는, 아프면 엄마가 더 아프지 젊은 내가
왜 아프겠냐며 퉁명스럽게 쏘아붙인다

요즘은 이틀이 멀다고 전화하고
그때마다 나는 안 아프다고 투정을 부린다

밤송이 툭툭 떨어지는 아침 등산길
가시 가득한 껍질 속 알밤들을 보다가
문득 알고 말았다 내가 아픈 게 아니라

알밤 같은 우리 오남매 가슴에 품고
살아갈 날 점점 짧아지는
당신의 마음이 더 아프다는 것을

젖꼭지

한때는 엄마 젖이 세상의 전부였다
젖꼭지에서는 일용할 양식과
뻐꾸기시계처럼 사랑한다는 메시지가 나오고
젖을 물고 있으면 온 세상이 내 것이었다

이제는 젖 뗀 지 오래
지구를 반 바퀴도 넘게 돌아온 지금도
살아가는 일에 몸서리칠 때마다 젊은 엄마의
젖가슴에 기대어 잠자고 있는 나를 꿈꾼다

이미 다 자란 내 아이들은
각자 제 몸무게만큼의 짐을 지고 세상으로 나갔고
내 젖도 말라붙은 지 오래

해가 서산으로 넘어가는 어느 날 아들이 전화했다
엄마 젖 고파요!
나도 팔순이 넘은 시골 엄마에게 전화한다

엄마 젖 고파!

엄마의 끌끌 혀 차는 소리가 젖처럼 달다

31번 국도에서

갈매기 한 마리 길을 잃었다

바쁠 일 없고 고플 일 없어
마음 아플 일도 없는
동해마을 양포바다

시간은 그림자가 너무 길어
햇살 안고 반짝거리는 물비늘에 찔려
게으르게 주저앉는다

바다는 감빛으로 익고
서산으로 해 지는데
내 그림자를 따라잡다 지쳐 나도 주저앉는다

멈춘다는 것은 두려운 것
시간이 너무 많아 시간 없었는데
동해 작은 포구에서 길 끊어지니 남은 건 시간뿐
주머니가 갑자기 두둑해진다

수목장

내 죽어 수목장이면 좋겠다

봄비 오는 날이라면
목련 곁에 잠시 따뜻하게 누워 보고
벚꽃 난분분 질 때 바람 함께 길 떠나며

여름이면 초록 바람 풍성한 편백나무 아래서
눈발 시린 겨울에는 은사시나무 숲에서
살아생전 목줄 죄던 약속들 미련 없이 던지고
코 벌름거리며 마음껏 숨 쉬겠다

그러다 문득 바람 되어
바짓가랑이 찢어지게 해지도록 놀다가
막막한 바다 보며 울어도 보고

사나흘씩 눈발에 갇혀도 아무도
기다릴 이 없으니
세상 부러운 줄 모르고 죽어서도 살겠다

동창회

친구 시어머니 팔순에 돌아가셨다
동창들 버스 한 대 전세 내어
낄낄 깔깔 수다 떨며 잔칫집 간다

시어머니 상은 동창들에게 때론
백화점 쇼핑보다 더 신나는 일
조문을 빙자한 축하행사를 마치고
돌아오는 버스에서
아들 결혼 날짜 정했다는 통보를 받는다

이제 나도 시어미가 된다?
웃던 버스 안이 갑자기 숙연해진다

아마 내 죽음에도 며느리는
낄낄 깔깔 수다 떨며 오늘처럼
동창회를 하겠지

겨울 풍경

찬바람 불어 대는 버스정류장
초로의 부부 머리카락 날리며
손 맞잡고 앉아 있다

하늘 반쯤 가린 빌딩 너머
햇살은 가라앉고
부부의 흰머리 놀빛에 타는데

따스하고 아름다운 그 모습
오늘은 초라한
흑백사진으로 와 박힌다

태양이 뚝 떨어지면,

구석論

아이들은 구석을 좋아한다

책상 밑 장롱 옆
때로는 옷걸이 뒤 어두운 곳에 숨어서
저만의 세계를 조금씩 키워 가는 꿈을 꾼다

내 어릴 때도 그랬다
바닷가 굴쩍 바위 뒤
곳간 뒤 감나무 위
보리밭 속에 숨어서 혼자
소공녀를 만나고 어린왕자 여우도 만났다

해가 지고 아무도 찾지 않을 때는
밤하늘 반쪽 달을 보면서
가만가만 노래도 부르고
세상으로부터 완전히 숨겨지면서
잊히면서 잠들곤 했다

지금도 가끔은 내 마음의 구석
그 어딘가에 숨어 있는 갯내 나는 고향
그 바다를 생각하면
혼자 숨어 시간 가는 줄 모르던
그 평화로운 구석이 다시 그립다

가랑잎 편지

시간의 빗금 사이 잠깐 졸았는데
어느새 어깨 위로
떨어져 내린 댓잎 한 장

누가 다녀갔을까

갈바람 뜰에 홀로앉아
마른 울음소리를 듣고 있다

황금의 외로움

익숙했던 길이 싫어
낯선 길로 차를 몬다

골목에서 시내의 와인 바까지
누구에게나 익숙한 길이
나는 항상 서툴렀다

안개 깊숙한 21번 지방도
낯설어서 반가운 굴피나무 사이로
옛 흔적을 더듬어 가는 길

마침내 해 질 녘
바다가 깊숙이 들어온 언덕 아래 오두막
호롱을 켜면
심지 크기만큼 자라는 기억의 그림자들

내가 여기 외로운 자유를 얻는 동안
그대도 나로부터 자유로워지기를

물고기 백화점

내 고향이 개발된단다
숭어가 갈매기보다 높이 뛰고
소라가 새벽고둥 부는 토끼섬이

사람들은 이미 떠났어도
배고픈 조각달 저녁 밥상 앞에 기웃거리고
추억을 그물질하던 어른들만 남아 있는 섬
몇백억 원으로 억, 억, 갈아엎는단다

아이새도가 예쁜 펜션 지붕 따라
입술 붉은 관광객들 몰려들어 오면
어릴 적 기억은 마지막 나룻배를 타고 가겠지

고향은 기왕 없어지는 것
있는 것 없는 것 다 팔아
개발도시의 총아 백화점이나 세워야겠다

굴 소라 낙지들에게 인어공주 다리와 맞바꾼

반짝이는 물거품도 팔고 붉은 저녁놀도 팔고
어린왕자 황금빛 여우목도리도 팔면서

새벽이 오기 전에 환산된
감정의 계산서를 충실하게 세무서에 보고해야겠다
팔아 버린 내 영혼의 세금은 얼마인지
내 감정에도 부가가치세가 붙는지

겨울 사람

숨어 있던 길이 보인다
잎 다 떨어지니

얼음발로
황천길 몇 번 밟고 오르니
이제야

그대 마음 실핏줄까지
훤히 보인다

제3부

아다닥

팔 개월 아빈이 이빨을 간다
등에 업혀 아래윗니 네 개로
하늘 엉덩이를 갈아 댄다
아다닥 아다닥

젖도 안 뗀 어린 녀석이 무슨 한이 있어서
세상은 사람 살 곳 못 된다는 걸
애시당초 알았을까
아다닥 아다닥

돌아갈 차표 한 장 구하려면
팔십 년 강제노동에
켜켜이 원한 쌓을 세상살이 기가 막혀
벌써부터 이를 갈까

아다닥 아다닥
등 뒤에서 작은 하늘이 출렁거린다

닭대가리

주인은 나보고 닭대가리라고 합니다
생각도 없고 날 줄도 모른다고 구박하기에
태어날 수도 없는 무정란만 낳으며
꿈은커녕 가위눌리는 밤만 깊어 가는데

창밖엔 아이들 두려운 노래 소리,
엄마 엄마 이리와 요것 보세요
병아리 떼 뿅뿅뿅 놀고 간 뒤에
미나리 파란 싹이 까맣게 말라 죽었대요

밤을 새워도 거세된 수탉은 오지 않고
수정되지 못하는 꿈을 꾸면서
가끔은 닭대가리 올려 하늘을 봅니다
가을밤 보름달 가로질러 날아가는 기러기들,

문득 아득한 기억을 더듬다 옥상에서
훌쩍 날았지요 덕분에 다리도 부러졌고요
아, 나는 정말 닭대가리가 맞습니다

오빠 생각

뜸북뜸북 뜸북새 논에서 울고
기럭기럭 기러기 숲에서 울제
서울 가신 오빠는,

오지 않았습니다
비단구두는 본 적도 없고요
오랜만에 가 본 고향 마을 어귀에서
그리운 추억과 만났습니다

—메뉴—
기러기 풀코스 : 80,000원
뜸부기 전골: 50,000원

주인 말씀이 기러기 가격이 너무 올랐답니다
서울 가신 오빠는 소식도 없고
나뭇잎만 우수수 흩날리는 이 가을 나는
배가 고파 추억을 삶아 먹었습니다

낙지 정치

죽림칠현을 찾아 나선다
안빈낙도를 즐기는 먹물선비에게
이제 세상에 나서 달라고 삼고초려 한다

깊숙한 갯벌 블랙홀을 찾아가
고개를 조아리고 손을 내민다
순간 대머리 선비 하나 미끌
내 손을 잡는다

이때다!
나는 순식간에 모가지를 낚아채
끓는 냄비에 사정없이 처넣는다
드디어 한 놈을 잡았다

나머지 놈들은
내일의 쫄깃한 정치판을 위해 남겨 두고
오늘은 연포탕으로 몸보신이나 해야겠다

거울

술 한잔하다가 우연히 뒤를 보니
시커먼 놈이 산처럼 앉아 있다
너무 무서워 뒤돌아볼 엄두는 나지 않고
술잔은 비어 가는데 그가
뒤에서 내 목 조르는 것 같아
등엔 식은땀이 흐른다

마지막 남은 한 잔을 따르고
내가 그를 고분고분 따라가야 하는지
그가 날 끌어낼 때까지 기다려야 하는지
두려움에 떨다 지쳐
에라, 가자! 마지막 한 잔 털어 붓고 돌아보니
거울에 비친 내 등짝이라니,

바닥에 등 붙이면 그저 끝날 일이지만
약속의 짐으로 휜 등 차마 꺾을 수 없어
오늘도 나는 내 등짝에 쫓기며 하루를 버틴다

치고 빼고

순진한 용왕님,
아직도 간 달라고 이놈 저놈 통사정이옵니까
간 쓸개는커녕 제 거시기도 간수 못하는 세상인데

엄마 배 속에서 튀어나오는 순간
아가리로 간 빼 가고 항문으로 쓸개 빼 가시기에
저는 열 살에 조삼모사 배우고
스무 살 때 남의 간 빼는 거 배웠소이다

세상살이 이리 치고 저리 빼다 보니
관상만 봐도 언놈 간이 더 싱싱하고
비장 췌장 한 개라도 온전히 남았는지 그저
환하게 보이나이다

그런데 오늘 보니 용왕님 간 참 더럽게 상했네요
그나마 이 토끼 잘 먹겠습니다

토끼 드림

반딧불이

숲 속에서 반딧불이
꽁무니 불 밝히고 함께 어울릴 때
고속도로 차량들 코앞에 불 밝히고
미친 듯 달려간다

먼 길 더 빨리 가자고
두 눈에 하이 빔 올려도
다음 날 뉴스엔 영영 가 버렸다는 소식뿐

등 뒤 불 밝힌 반딧불이
서로 충돌했다는 말 못 들었는데
눈앞이 환한 사람들은 다 어디로 갔을까

그렇군
장님이 등불 켜는 것은 다른 이들 위해서라지
갈 길 바쁜 사람들 오늘도 가속페달 지르밟는데
저승길 밝히는 고속도로 불빛 참 곱다

한우

사람들은 내 머리를 쓰다듬으며
눈이 참 선하게 생겼다고 합니다
그런데 잠시 한눈파는 사이
목살이 반쯤이나 날아갔습니다
다음 날은 친구 같다며 목덜미 토닥이더니
안창살이 두 근이나 비었습니다

그들이 칭찬하며 다가올 때마다
안심 등심 없어지고 제비추리마저 발라내더니
오늘 새벽 눈뜨니 가죽마저 사라졌습니다

늦가을 찬바람에 무릎 주저앉는데 마침내
가죽옷 입은 사람들 내 남은 뼈들
추려 내기 시작합니다
그때까지도 나의 선량함을 찬양하는
사람들의 선량함을 믿었습니다
그러나 마지막 다비식마저
참나무 장작 위 한 줌 장렬한 재가 아니라

가스 불 냄비 속 한 방울 국물이었습니다

이쑤시개를 입에 문 그들 아직도
내 눈이 선했다고 추억하고 있을까요

아이 하나

인곡화장장,
시커먼 연기 속에 매달린 메뉴판

시내거주인 — 사만 원
외지인 — 삼십만 원
아동 — 삼만 원
사산아 — 일만 칠천 원

뜨거움은 사랑일까 증오일까

불같은 사랑으로 잉태되었다가
세상 구경 한 번 못한 채
만 칠천 원 차표 하나 달랑 손에 쥐고
증오의 불길 속으로 떠밀리는데

벚꽃 날리는 봄날,
미완성의 울음
굴뚝 끝에 서럽게 매달린다

송아지 길들이기

우는 아이 젖 준다고요?
그러면 젖가슴 쭈그러든대요

대신 일 등급 우유는 매일 챙겨 먹여요
엄마라는 계급장으로
유통기한 살피는 건 필수고요

그러고 보니 요즘 아이들은 밤마다
음매 하고 운다나요?
칸막이 촘촘한 아파트에서
가끔 OK목장의 결투라도 벌어지는 날이면
소 잡는 소리 요란하구요

생각해 보니
저는요 송아지 엄마예요
가슴은 몽땅 말라붙은

북극여우 사막여우

갈림길에서 헤어졌다
나는 북극성을 너는 남십자성을 따라

빙하가 흐르는 계곡을 넘고
유빙을 건너며 내가 남십자성을 그릴 때
뜨거운 사막에서 북극성을 찾는다는
네 소식 간간히 들으며

그리움이 태양을 삼킬 즈음
우리는 먼 길을 돌아 다시 만났다

얼음보다 흰 모피 속 내 심장은 빙점에서 멎었고
황금빛 모래바람에 네 심장은 불타 버린 채로

삭막한 도시의 동물원에
함께, 따로 갇힌 채

프라이팬에 내가 없으면

프라이팬에 계란을 깨자
빅뱅 뒤의 은하계처럼 타원형으로 찢어진다
127광년 밖에는 행성 일곱 개의 태양계도 있다는데
거기서도 사람들은 지지고 볶이며 살고 있을까

깊은 산속 장작 지피는 노부부 움막에서
따끈한 비데에 오르가즘 느끼는 아파트까지
백화점 진열장에서 어시장 난장까지 몽땅
프라이팬 안에서 지글거리다 빅뱅으로 개벽한다

새로운 은하에선 어시장에서 비데 쓰고
아파트에서 장작 지피는 날이 뜰까
그 은하 어디쯤 또 다른 행성에 내가 누워 있을까
그래봤자 내가 없으면 세상은 원인 무효!

이러는데 아뿔싸, 계란 다 탔다

사팔뜨기 龍

커서 뭐 될래,
"대통령!"
어릴 땐 세상이 내 발 아래인 것 같았다

오늘 화선지 길게 펼쳐 놓고 용을 그린다
화려한 단계석 벼루에 향 먹을 갈며
황모필에 듬뿍 먹을 찍어
우레를 맞받으며 오르는 뿔 번쩍이는 비늘
날카로운 발톱과 힘찬 꼬리 일필휘지로 그리다
마지막 숨 크게 내쉬고 눈을 찍는데
아차, 사팔뜨기라니
순간 용꿈은 웃기지도 않는 미꾸라지로 추락하고
그놈 나를 보고 하는 말

"龍龍 죽겠지?"

복날

삼계탕 먹는데
오른쪽 날개 하나가 없다 그래서
펄펄 끓는 그릇에 불시착했을까

그날 밤새도록 나는
불가마 끓는 세상에 빠지지 않으려고
죽자고 날개 치는 꿈을 꾸었다

아침에 일어나니 왼쪽 어깨가 아파 왔다
다음 날 다시 가서 따졌더니
이번엔 다리가 하나뿐인 닭이 들어왔다

그 밤은 유황지옥보다 더 뜨거운 지상에서
발꿈치 데이며 죽자고 절룩발로 뛰었다
뛰다 지쳐 가마솥으로 불시착했는데
누가 내 가랑이를 젓가락으로 헤집는다

"이놈은 원래 속도 머리도 없나?"

거꾸로 가는 길

시골 장터, 할머니 깻잎 판다
복숭아 박스 뒤집어 복숭아 로 놓고
붉었던 세월 초록깻잎 세는 동안 주름지는데
뒤집어진 복숭아 박스 위에서 시간은 바랜다

고개를 잔뜩 돌려 복숭아 를 복숭아로 읽는데
거꾸로 보면 시간도 거꾸로 가는가
버스는 오던 길을 뒤로 돌아 달리고
떨어지던 나뭇잎 위로 거슬러 오른다

거꾸로 된 할머니 얼굴 도화 빛으로 발갛다
갑자기 복숭아 가 먹고 싶어 고개를 뒤집은 채로
뒤돌아 달리는 버스를 따라 뛴다

사람들이 웃는다
그들은 복숭아 를 보지 못했다

제4부

길

혼자 가는 것만 알았지
함께 가는 길은 알지 못했다

낯선 수도승에게 물으니
그도 몰라 헤매다 산으로 왔단다

이 세상엔 물어도 아는 이 하나 없고
저 세상은 언제나 통화 중이다

지친 마음 까치놀로 돌아눕는 저녁답
오늘도 사람들은 저 혼자 잘도 간다

나팔꽃

모두 잠든 밤
나의 하루는 비로소 눈을 뜬다
빌딩의 귀퉁이 혹은 한적한 골목의 가로등 아래
버려진 음모의 조각들을 하나씩 모으며
내일이면 세상에 까발려질 특종을 꿈꾸며

세상은 음모의 퍼즐 판
사람들이 구멍 난 주머니로
하나씩 흘린 조각들을 주워 모아
밤새 퍼즐 판을 완성하고
마침내 첫새벽 어스름이 밝아 오면
세상을 향해 나팔을 높이 들고 소리친다

"임금님 귀는 당나귀 귀!
임금님 귀는 진짜 당나귀 귀!"

다행이다
사람들은 항상 늦잠을 잔다

낚詩

월척을 기다린다
말을 바꾸기 위해
화산같이 폭발하는 강렬한 한마디 낚으려
덜 자란 詩를 달아 수면에 띄우고

어느 날 낚詩대 휘어지고 내 몸보다 큰
월척 한마디 낚아 어시장에 갔더니
셀 수 없이 많은 월척들 좌판에 올려져 있다

모가지에 핏대 세우고 몇 시간을 외쳤건만
아무도 내 월척을 사지 않아 목 떨구고 돌아서는데
죽어 나자빠진 월척들 사이에서
피라미 한 마리 팔짝 뛴다
겨울 햇살에 빛나는 눈부신 저 비늘!

새우가 등 굽은 이유를 그때 알았다
몸은 작아도 넓은 바다가 좁아 웅크린
새우의 생각을 이제야 알겠다

개미

집수리 바쁘다
폭우 한바탕 지난 뒤 반지하방 물 퍼내더니
오늘은 모래 한 알씩 물고 나와
보도블록 사이에 왕릉을 쌓는다

산다는 것은
태양 아래 말라 가는 것이 아니라 가족과 함께
개미처럼 밀실 속에 편안하게 칩거하는 것

때때로 보도블록 옆을 지날 때마다
그 집 무너뜨릴까 곁길로 걸음 옮기면서
생활보호대상 기금이라도 받는지
건강보험 혜택이라도 받는지

그런 걱정하면서 나도
지난여름 폭우로 반쯤 떠내려간 고향 돌아가
추억을 수리하며 단풍 꿈 꾸고 싶다

실존 교향곡

버렸던 이면지 펴 놓고
싱싱한 콩나물을 다듬는다
젖은 종이에 번지는 잉크 자국
엊저녁에 쓰다 버렸던 내 시들

물기에 젖어 눈부신은 눈병신으로
행복은 항복으로 화해는 자해가 된다
분노의 콩나물이 활자의 건반 따라
이리저리 튀는데

그놈들 죄다 싸잡아 끓는 물에 처넣으니
실존의 교향곡 '운명' 은 끝나고
잦아드는 뚜껑 아래서 학살당한 콩나물들
맛없는 레퀴엠을 요리하고 있다

이면지를 버리며 생각한다
조리법을 다시 바꿔야겠다고

체크아웃

여행은 끝났다

티슈보다 가벼웠던 시간들
나를 치장했던 빈 화장품 병
유통기한 지난 거울 속 나를 구겨
버리고 체크아웃이다

이 땅에 체크인 할 때 없었던 것들
한때 소중했다고 믿었던 것들 가득 채운
터무니없이 큰 가방들도 버린다

번잡한 세상의 로비 지나 정문 앞
오랫동안 나를 기다려 준 조각배 타고
계절 익어 가는 강줄기 따라 흐르면

잊었던 갈꽃 향기 따라 조금씩 겨울이 오고
눈 쌓인 울타리 너머 아무도 모르게 장미가 핀다는
비밀의 화원 사이로

그리운 그림자 얼핏 본 듯도 한데

여행은 이제 시작이다
다시,

구운몽*

— 남해 유배문학관에서

암자의 불을 끄고
잠시 세상에 나아감이라

세상은전쟁의땅난세는영웅을만드니공을세워
벼슬이오르고궁궐같은집을지어정경패와난양
공주팔선녀모두무릎에앉히니꿈은이루어진다
는그말이제야알듯하고세상이내것이라바다건
너그대들도e-편한세상궁궐같은아이파크롯데
캐슬에서세상을내려다보면서와인향기우아한
돔페리뇽이나샤또무똥마시며똥싸고앉은땅이
그대들의전쟁터라는것을아는지모르는지육관
대사지팡이소리두번에퍼뜩스치는것이인간사
하도 시끄러워
눈
뜨
니
암자에 호롱불 졸고

바다 건너 저만치
그대들의 세상 뜨겁게 타고 있다

---

* 구운몽九雲夢 : 서포 김만중이 남해로 유배 와서 쓴 한글 소설.

영하 9℃의 시간

시간을 도둑맞았다

잃어버릴까 수첩에 적어 두고 도장 찍고
핸드백에 꼭꼭 숨겨 두었는데

웃음 헤픈 이웃이 훔쳐 가고
가자미눈 납품업자 걷어가고
얽히고설킨 인연들이 훔쳐 갔다

닳아 없어지는 시간 더 단단히 묶어 두자고
냉동실에 꽁꽁 얼려 두었더니
아들 딸 남편이 슬쩍슬쩍
때로는 윽박지르며 부스러기까지 긁어 간다

남은 건 냉동실 구석에 나뒹구는
영하 9℃ 내 영혼 몇 조각뿐

장구의 말

평생을 맞고 살았다

너희들 뱃가죽을 주먹으로 치고
억, 소리 장단에 내가
춤추고 노래하면 너는 좋겠니?

참새가 노래한다고 장단 맞추지 마라
노래하는 것이 아니라
내일 몰라 혼자 우는 것

그래도 장단 맞춰 춤추고 싶다면
치고 또 쳐라
채편이 부러질 때까지

목울대가 터져야 소리가 되듯이
맞아야 이 세상 바로 볼 수 있다면
서러운 매질을 온몸으로 못 견디랴

관계

김 씨는 이 씨를 미워하고
이 씨는 박 씨를 싫어하고
박 씨는 최 씨를 최 씨는 장 씨를
증오한다

이 씨 아들은 김 씨 딸을 사랑하고
박 씨 딸은 이 씨의 조카를
그리워하고 최 씨 셋째 딸은
장 씨 아들한테 시집가겠다는데

우리는
누군가를 사랑하고 미워하면서
누군가를 물어뜯고 끌어안으면서
상처투성이 끈질긴 관계를 만든다

시간이 흐르면
누구는 누군가의 해넘이가 되고
누구는 누군가의 해돋이가 되면서
손바닥만 한 지구를 그렇게 뱅뱅 돌면서

오줌을 누다

계곡 물가에서 오줌을 눈다
거슬러 오르던 송사리 떼
모세의 기적처럼 물길을 낸다

내겐 한낱 오줌이지만
그들에겐 거역할 수 없는 신의 방뇨

때때로 운명의 오줌발을 겨누는 너에게 나는
분노하기는커녕 성수로 받아들이려 했다
강줄기의 가장 높은 곳까지 오르기 위해

지린 세상 숨 막혀도 코 막고 올랐다

왜 몰랐을까
송사리는 정상을 탐하지 않는다는 것을
그들은 그냥 갈 길을 갈 뿐인데

아직도 누군가 내게 오줌발을 겨누고 있다

꼬리표

걸을 때마다 발꿈치가 아프다
살펴보니 바지 끝에 꽂혀 있는
'32—5697' 세탁 수화물 꼬리표

누가 나를 지구로 부쳤을까
내 출발점은 안드로메다 가스성운
그 기억 가스 불빛처럼 몽롱한데
누가 나를 세상 귀퉁이에다 버리고 갔을까

돌아가지도 못한 채 평생 꼬리표 달고
수취인 불명으로 떠도는 나는
아직도 지구의 미아

알라딘 램프

세 가지 소원은 바라지도 않습니다

딱 한 가지만이라도 들어 달라고
오늘도 알라딘 램프를 닦습니다

부—자가 되게 해 달라고
팔등신, 김태희 닮은 미모를
아니 기왕이면 세상 휘두를 수 있는 권력을

그러다가 미운털 박힌 놈이 생각나서
그놈을 사라지게 해 달라고
내게 창 던진 얼굴 지워 가면서
싱크대 앞에 서서 힘주어 박박 문지르다 보니

알루미늄 주전자에 큰 구멍이 나 버렸습니다

항문에 눈이 생겼다

외출에서 돌아오니 눈이 가렵다
왼손 오른손 번갈아 긁어도 시원찮아
머리를 툭! 치니
어라! 눈알이 빠진다

버리기 차마 아까워 삼켰더니
항문에 눈이 생겼나 보다
아침에 변기에 앉으니 어제 먹은
티본스테이크에 멋진 아이스크림 후식이
냄새나는 흉물로 떠다닌다

아하,
부처님은 보리수 아래서
예수님은 광야에서 깨달음을 얻었다는데
나는 오늘 변기 위에서 이렇게 깨닫는다

사람들은 삼강오륜 장유유서를
넥타이와 스카프처럼 두르고 다니지만

화장실 갈 때와 나올 때의 마음이 다르다는 걸
항문에 눈이 생기고야 알았다

나는 이제 항문으로 세상을 본다
당신들이 무얼 먹든 나는 뒷구멍으로 나오는
그 새빨간 거짓말을 하얗게 믿으며
진실만을 볼 것을 맹세한다

칵! 마, 고마해라

Don' t worry, be happy
Don' t worry, be happy
노래를 부른다

지구 어느 골짜기에서는 또
하쿠나 마타타
아브라카다브라

아멘!
그 말이 그 말 아닌가

그렇게 '걱정 마 다 잘될 거야' 라 해 놓고
지구촌 구석구석 외우는 주문 다르다며
니 땅 내 땅 가르다가
내 목 니 목 총 겨눈다

이참에 경상도 주문 툭, 튀어나온다

칵! 마, 고마해라

인자 고마 싸우라카이, 칵!

제5부

생일

내 생일은 9월 9일 중양절
국화주 마시며 시나 읊조리는 길일이라는데
국화주는커녕 미역국 한 그릇 챙기기도 어려운
팍팍한 삶이 지겨워 다음 생을 점쳐 본다

다음 생에 내 부모는 누구며
형제는 몇 명이고 무슨 일로 연명할지
인터넷에 사주단자 올려놓고 몇 번이나 클릭한다

아뿔싸!
다음 생은 경술국치일에 상갓집 개로 태어나
어느 복날 몽둥이찜질로 마지막이라는데
선택할 옵션은 아예 없단다

어이쿠, 미역국 한 그릇이 대순가
냉수 한 그릇이라도 목 축일 수 있다면
개똥밭에 굴러도 이승이 낫다는데
입 다물고 핸드백 챙기고 출근이나 해야겠다

행성

궁금했다
새벽별 보다가 사라져 간 사람들
지금쯤 어느 행성에 닻 내렸는지

눈물 나게 허리 시린 날 의사는 나보고
퇴행성 척추염이란다

진통제 근이완제로 다스리다가
조금씩 정신 줄이 흐려지더니
비로소 풀리는 궁금증

잊히면서 지워지는 알츠하이머
알몸 떨려 오는 이별의 파킨슨
뼛속까지 후려치는 류머티즘 관절염

세상 부딪치며 닳은 곳이
퇴행성이라니
오늘도 기억의 별들, 빛나는 마침표
저 홀로 하얗게 지워지고 있다

가면

뛰어야 산다
인생은 비즈니스
10%의 거짓말과 90%의 코디다

스마트폰 귀와 어깨 사이 붙이고
한 손으로 운전하며 다른 손은 계산기
가끔은 차창 밖으로 적절히 눈도 흘겨 준다

화장과 옷, 구두 색깔을 맞추고
어제 했던 거짓말과 오늘 할 거짓말도
색깔이 반듯하게 맞아야 산다

저승 갈 때도 화장은 필수라지
내 얼굴의 흰 거짓말 저승사자는 속을까
입술이라도 빨갛게 떠 보여야 하는데

비즈니스에 지쳐 부르튼 입술
하얗게 뜨고 있다

부조금

바쁜 세상사, 돌려야 할 봉투는 많다
결혼식 장례식 돌잔치 칠순잔치
서로서로 봉투를 돌리는데
때로는 가는 길에 함께 부쳐 달라고
대여섯 개씩 시간까지 부탁받는다

그러다 한참 지나면 누구 것을
무슨 일로 주었는지 서로 헷갈린다
어느 날 친구가 5만 원 건네며
장례식 부조 대납한 것이라는데
도대체 누구의 장례식에 간 것인지 기억이 없다

곰곰이 생각하니 결혼식에 축의금 낸 것
잘 살겠다고 첫출발하는 사람한테
친구는 잘 가시라고 조위금 낸 셈이다

삶과 죽음이 봉투 하나로 뒤바뀌는 날

부실한 지구

TV는 연일 죽음을 알린다
밥 먹고 입도 헹구지 않았는데
땅이 입 쩍 벌리고 집과 길을 삼키는 동안
밀려든 해일은 또 사람들을 쓸어 담는데

태양 흑점 한 번 튀면 지구는 재채기하고
북극 얼음 몇 조각 녹으면
우리 사는 땅 절반이 사라진다

신의 뒷발에 차인 운석 어디쯤 날아오고 있는
이 부실한 지구에서 우리는

부실한 관계 절실하게 맺고
절실한 사랑 부실하게 나누며
제각각 등 뒤에 숨긴 비수에 기대어
안심하는 동안

나사 몇 개 빠진 지구 아직도 돌고 있다

원 맨 히어로*

전쟁 영화를 본다
패배를 예감한 히어로 톰 베린저
부하들에게 도망가도 눈감아 주겠다고 하는데

부하가 말했다
"기도하면 이길지도 몰라요."
모두가 편안해져 총을 잡았다
그리고 졌다

그들은 몰랐다
적들도 기도했다는 것을
그것도 똑같은 하나님에게

오늘도 나는 백화점에서 구입한 최신 전투복에
적외선 렌즈, 가슴에는 장미 가시를 품고
짝퉁 샤넬 핸드백엔 실탄 가득 장전하고
전장에 나서며
두 손 모아 간절히 기도한다

그런데

변덕 심한 하느님

오늘은 대체 누구 편일까?

---

* 랜스 훌 감독의 1999년 작으로 1846년 미국이 멕시코를 침략한 전쟁을 배경으로 한 영화.

시나브로 반백 년

날 보고 술을 먹었단다
새벽이슬 따라 뒷산 옹달샘
약수 한잔 마시고 내려왔을 뿐인데

그놈의 토끼 달나라 방아 찧은 곡식으로
술을 얼마나 퍼마셨기에
새벽 약수 한잔에 온종일 취해 흔들릴까

산 내려오니 시곗줄은 이미 삭아 끊어졌고
낯선 동자 날보고 할머니라 부르는데
동구 밖 함께 뛰놀며 콩 서리 굴 서리 하던
친구들 다 어디로 갔나

계수나무에 걸린 안주는 아직 맛도 못 봤는데
몇 분 사이 시나브로 오십 년이 지났다니
눈썹달에 걸린 자투리 시간 초침보다 빨리 달리는데

아직도 나는 술이 안 깼다

광고

차 몰다 꼴깍하면
7년간 매달 5백만 원씩 드립니다
든든하죠?

처자식
생활비 등록금 다 쓰고
쌍쌍 파티로 여행 가도 남는 돈
한 달에 만 이천 원이면 오케이!

텔레비전을 보다가
이빨 사이 고춧가루 낀
아내가 나보고 활짝 웃습니다

"걱정할 필요 전혀 없겠네!"

날더러
어쩌라고?

말, 말, 말

죽겠단다

배가 고파 죽겠고
화가 나서 죽겠고
미워서 죽겠단다

심심하거나 졸리거나
배가 불러서 죽겠단다
그런데 아무도 안 죽는다
알고 보니 다들 이미 죽어 있었다

그들 사이에 있는 나를 가끔 본다
하루에도 몇 번씩 죽는 나를

기억의 명세서

버려 둔 명함집을 뒤지다
옛 이름들 사이에 말없이 누운
공중전화카드를 본다

선명한 흑갈색의 마그네틱 선
그 통로를 따라 영정처럼 늘어선 낡은 이름들
그들이 침묵하는 건
카드 사용법을 잊었기 때문일까

마지막 통화는 언제였는지
이들 중 누구였는지 기억은 애매한데
남은 통화 잔량 채우지 못하고
오래전 디지털 세상으로 떠난
가끔은 아쉽지만 그립지는 않은 친구들

기억의 명세서를 덮으면
뚜 뚜 통화 단절음 이마를 관통하고
텅 빈 공중전화부스 창밖에 석관처럼 서 있는
적막한 오후

선착장의 용왕님

돈 벌면
무인도 하나 사고 싶었다

바닷속 세상을 떠나온 지 오십 년
돌아가지 못해도 용궁이든 자궁이든
무인도 하나 갖고 싶었다

어느 날 뚝 떨어진 세상 한가운데서
무인도를 사려고 열심히 돈 벌었지만
백마 탄 왕자님 만나
아들딸 키운다고 통장 털고

집 사고 가방 사고 이리저리 털리다가
돌아가야 하는 고향 생각마저 털렸다

무인도는 아득히 멀어지고
나는 골방의 무인도에 갇혔다

바다가 말라 버린 선착장
파도 소리 잦아드는데
창밖의 노크 소리가 두렵고,

새벽 공동묘지

어둠 속에 웅크린 묘지들은
언제나 등골 시리다

그도 한때는 누군가와 뜨겁게
짝짓기하고 새끼 낳고 사랑하다가
남은 자들의 마지막 근심 걱정 짊어지고
저 무덤 속에 걸어갔을 텐데
무서워할 아무런 이유조차 없는데

30년 후쯤
다른 이들도 새벽 등산길에서 내 묘등을 보며
살아온 나의 이야기엔 관심도 없이
그저 이렇게 무서워만 할까

그때 내 스르륵 일어나
산 사람이 더 야박하고 무섭지
죽은 사람은 욕심 없이 따뜻하다고 속삭여 줄까

서류에 약속의 도장 찍고
돌아서면 칼 겨누는 일은 절대 없을 테니
걱정 말고 내 이웃으로 오라고 손잡아 줄까

그러면 정말 올까

그래, 헛소리다!

아브라카다브라
구라구라 나라니까
아주바리 구라니까
우다다카다브라
헛소리다 어쩔래?

우리말은 언제 소통됐었나
말끔한 거짓말보다는 이게 더 낫잖아?

오늘도 나는 외계어로 혼자 떠든다
그게 편하다

도덕과 도둑

그게 정말인 줄 알았다
비둘기가 나뭇잎으로 물에 빠진 개미를 구하고
개미는 사냥꾼 발을 물어 비둘기를 구한다는 그 말이

세상살이에서는 물에 빠진 놈 구해 주면
그놈 오히려 내 발뒤꿈치 죽자 사자 물어뜯고
한겨울 벌거벗은 베짱이 불쌍해 먹이 좀 나눠 주니
되레 나더러 나가라 악쓰며 안방에 드러눕는다

세상이 도덕 책과 다르다는 것을 알고부터
슬슬 나도 악다구니 발성 연습이나 해 볼까 싶은데
서투르게 소리 지르다가 독박 쓰고 나앉기 일쑤

몸도 마음도 거덜 나고
담요 한 장 챙겨 서울역 대합실 들어서니
집 나간 도덕 책 빈 벤치 위에서 노숙 중이다

시험지
— 인생이라는 빈 수레를 타고

오늘도 혼자 풀고 있다
답 없는 시험지를 어깨 휘도록 등짐 지고

노자 장자 도덕경 넘어
예수 부처 건너며 모범답안 훑었지만
시대가 바뀌면 답 또한 달라지고
공식까지 온통 다 바뀌는 세상

편도만 예약된 티켓 위로
희미한 시간의 발뒤꿈치를 따라
돌아갈 수 없는 섬 하나 그리는데
늙은 어부가 담뱃불을 끄며 피식 웃는다

그냥 연필 굴려! 머리통 굴려!

그렇구나, 인생은 풀지 않아도
저 혼자 굴러가는 거였구나

해설

삶과 시, 자유의 길, 평등의 길

김 재 홍

(문학평론가 · 경희대 명예교수)

사람이 견지해야 할 가장 중요한 마음 자세는 무엇일까. 그것은 어떠한 가치덕목을 지녀야 할 것인가? 이런 생각을 하노라면 몇 가지 소중하게 떠오르는 어휘들이 생각난다.

첫째 그것은 진정심이라는 마음의 형태가 아닐까 한다. 진정심이란 무엇인가. 그것은 진실성과 성실성, 그리고 지속성을 의미한다. 끊임없이 진실해지려는 노력과 성실성을 견지하면서 정신의 지속성과 일관성을 지니는 그런 마음의 형태가 아닌가 하는 뜻이다.

두 번째는 평상심이 아닐까 한다. 삶의 과정에서 계속해서 밀려오는 물질과 정신의 갈등, 이성과 감성의 부딪힘 속을 살아가는 일상 생활상은 사람들을 가만히 놓아두지 않고 심혼의 격랑에 뒤채게 만든다. 그러기에 늘상 거기, 그렇게, 조용히 머물러 있는 그러한 마음, 고요한 평정심을 간직하는 일은 참으로 소중한 마음 자세가 아닐 수 없다.

세 번째로 항상심이라는 덕목이 떠오른다. 과도한 자본주의 물질주의 팽배, 급변하는 세태 인심, 격동하는 삶 속에서 정신의 지속성, 일관성을 지니는 것은 사람을 믿을 수 있게 하는 근본 동력이면서 추진력이 될 것이 분명하기 때문이다.

그렇다면 하이데거의 말대로 지상에서 가장 죄 없는 일로서 시 쓰는 일, 죄 없는 자로서 시인의 경우에는 무엇이 더 추가될 것인가? 흔히 시의 마음을 진정한 마음, 즉 시정진심詩情眞心이라고 한다. 여기에 필자는 치열심과 진보정신으로서 창조심을 덧붙여 강조하고자 한다. 치열성이란 무언가를 이루어 내기 위해 불철주야 노력하는 마음 자세이고 창조심이란 낡은 것을 깨뜨리고 새로운 것, 무에서 존재를 이끌어 내려는 살아 있는 정신, 열린 정신을 의미한다. 그럴 때 비로소 세상에 유일무이한 것으로서 창조적인 예술세계가 이루어질 수 있는 것이기 때문이다. 살아 있는 정신으로 끊임없이 치열하게 정진함으로써 비로소 새로운 정신세계가 열릴 수 있고, 열려 갈 수 있다는 뜻이다.

이러한 인간으로서, 시인으로서 정신의 결곡성을 견지하면서 자신의 시세계를 묵묵히 열어 나가는 창조자의 한 사람으로 나는 운해韻海 김미숙 시인을 꼽는 데 주저하지 않는다.

일찍이 남해 바닷가 별주부전의 고향 비토 섬마을에서 태어나 세상살이 온갖 어려움을 겪으며 자수성가하고, 시인으로서도 꾸준히 정진하여 다섯 번째 시집을 펴내는 동안 묵묵히 개성적인 자신의 세계를 개척해 가고 있는 그 마음 자세를 높이 평가하는 까닭이다. 이에 김 시인의 새 시집의 시세계를 간략하게 살펴보기로 한다.

1. 자아성찰, 풍자 및 야유라는 통과제의

김미숙 시인의 시는 본질적으로 자아성찰의 시에 해당한다. 끊임없이 자신을 반성하면서 이웃을 돌아보며 괴로움과 부끄러움을 반추한다. 그러나 개인사적인 문제에만 머무르지 않고 더 나아가 인간의 문제, 사회, 역사 문제에 이르기까지 시인은 자책하고 절망하면서 시적 보편성을 지향한다. 남보다 잘나고 싶고 남보다 더 많이 갖고 싶은 욕망을 가진 존재로서 때로는 위선적일 수밖에 없고 때로는 남을 속이고 배반하며 자신마저 기만하면서 자신의 약점을 철저히 숨겨야만 하는 인간사적인 고뇌와 생존을 위한 싸움, 나아가서 인간 옵션에 대해서도 좌절하며 절망한다.

동물원 사자가 말했다
희멀건 가죽에 머리에만 털이 자라는
인간들, 거참 희한한 짐승이라고

내가 대답했다
사람은 머리에 숨길 생각이 많아 그렇다고

—그러고 보니 숨길 게 많은 곳에만 털이 난다?—

도끼눈 뜨고 다니는 인간들 눈썹에
하는 말마다 거짓말인 놈 주둥이에
어디 그뿐인가
겨드랑이에 졸렬한 체모 숨긴 놈
사타구니에 은밀하게 음모 숨긴 놈
똥꼬에 치모 냄새나게 숨긴 놈

생각 많아 머리에 털이 난다면
짐승들은 온몸으로 생각만 하나?

동물원 앞에서 내 음모를 떠올리는 순간
우리네 조상님 원숭이 한 분께서
빨간 똥꼬 까고 점잖게 지나가신다

—「숨길 것 많은 곳에 털이 난다?」 전문

이러한 인간의 모순과 위선을 바라보는 시인의 시선은 부정적이며 비판적이다. 그렇기에 시인의 언어는 과감하고 적나라하다. 그렇다고 해서 직접적 · 노골적인 것은 아니다. 풍자와 야유라는 문학적 방법을 활용하는 데서 문학성과 예술성이 드러난다. 이와 같이 과감하고 야유적인 언어 사용을 통해 시인은 살기 위해, 살아남기 위해 어쩔 수 없이 저지르게 되는 자신의 위선적이고 모순적인 행동은 물론 인간사에 대해서까지 풍자와 야유를 퍼붓는다. 윤동주 시인이 "죽는 날까지 하늘을 우러러/ 한 점 부끄럼 없기를/ 잎새에 이는 바람에도/ 나는 괴로워했다"라고 노래했듯이 시인도 쉴 새 없이 자신의 모순성과 위선적인 행동에 타격을 가하며 야유하고 비판하면서 자아성찰을 게을리하지 않는다는 뜻이다. '털/치모/주둥이/체모/사타구니/음모/똥꼬' 등 입에 담기 꺼려지는 시어들을 과감하게 사용하고 있는 것이 바로 그것이다. 자신의 내면에 감추어진 온갖 위선과 부끄러움, 더러움, 야비한 속내를 숨기고 안 그런 척 고상한 척 살아가는 위선적인 인간 군상들의 행태를 날카롭고 리얼하게 파헤치고 있다.

그 군상들 중에 예외일 수 있는 자가 누구이겠는가? 시인 자신은 물론이고 오늘날을 살아가는 대부분 사람들은 이 혐의에서 자유롭지 않다. 또한 시인은 단순한 야유와 비판에만 그치지 않고 눈물겨운 자기 응시를 통해 자신을 바로 알기 위해 수치스러운 치부를 드러내는 것도 불사한다. 풍자와 야유, 자기비판이라는 시적장치를 통해 스스로를 성찰하면서 일종의 고해성사를 감행하고 있는 것이다. 그렇게 함으로써 자신을 용서하고 용납하겠다는 통과제의를 스스로 치르고 있는 셈이다. "도끼눈 뜨고 다니는 인간들 눈썹에/ 하는 말마다 거짓말인 놈 주둥이/ 어디 그뿐인가/ 겨드랑이에 졸렬한 체모 숨긴 놈/ 사타구니에 은밀하게 음모 숨긴 놈/ 똥꼬에 치모 냄새나게 숨긴 놈". 이쯤 되면 쉽게 두둔할 수 있는 한계를 넘어선다. "사람은 머리에 숨길 생각이 많아 그렇다"고 어떤 식으로든 핑계를 대며 합리화하려는 인간의 혐오스러운 행동을 시인은 "생각 많아 머리에 털이 난다면/ 짐승들은 온몸으로 생각만 하나?"라며 날카롭게 야유하고 풍자한다. 곧 시인 자신의 위선과 거짓된 행위를 적나라하게 비꼬면서 인간 보편성의 문제로 확대 · 심화하고 있는 것이다.

사실 이것은 어찌 김 시인에게만 국한되는 문제이겠는가? 인간은 본시 악한 성품을 가지고 태어난다고 순자는 성악설을 주장한 바 있다. 일면 순자의 주장에 수긍이 가는 점도 없는 것은 아니다. 그러나 인간은 자신의 잘못을 반성하고 잘못을 바로잡을 수 있다는 점에서는 맹자의 성선설에 더 기울 수밖에 없는 것이 사실이다. 시인이 냉철하고 엄격한 자아비판, 풍자와 야유라는 시적 방법을 활용하여 자신의 모순성과 혐오감을 떨치고자 한 것도, 결국 올바른 한 인간으로서의 나아갈 길을 찾고자 하는 것도 이러한 측면에서 이해해 볼 수 있겠다. 그것이 곧 김 시인이 시를 쓰는 이유이자 논리인 셈이다.

2. 인간 탐구 또는 솔직성의 시

김 시인이 인간답게 잘 살아가기 위해 택한 방법은 바로 제대로 된 시 쓰기다. 시는 거짓말을 못한다는 것을 간파했기 때문일 것이다. 아무리 숨기려 해도 시에는 그 시를 쓴 사람 마음의 지형도가 고스란히 드러나 있게 마련이다. 사물을 향한 시인의 온기와 냉기, 그리고 희로애락애오욕 감정의 넘나듦이 적나라하게 드러나 있다는 말이 되겠다. 따라서 시를 쓰는 시인은 자신의 감정과 생각을 만천하가 공유해도 좋다는 어느 정도 자기희생을 감내해야 한다. 자신의 알몸뚱이 내면을 독자들에게 보여 주겠다는 과단성 있는 용기를 가진 자만 이 시를 쓸 수 있을 것이다.

그런 면에서 시인은 어떤 아픔도 비난도 좌절도 감내하겠다는 각오가 되어 있는 듯하다. 시인에게 시를 쓰는 행위는 곧 자신을 탐구하는 일이고, 인간을 깊이 있게 이해하려는 일이 되기 때문이다. 아래 시에서 이 점이 여실히 드러난다.

빈속에 사과 한입 베어 무니
이가 시큼 눈이 벌큼
밥을 먹어도 물을 마셔도 이가 시리다

오랜 인연 낡은 약속들
소장 지나 비장 췌장 틈 사이 깊이 묻어도
가끔은 위장 간장 거슬러 올라
관성처럼 반추되는 신물에 진저리 친다

어릴 적 머릿수건 사이로 반짝이던
엄마의 하얀 눈물뼈 아빠의 땀소금도
늑골 깊이 박혀 좀체 빠지지 않는다

사랑, 아픔, 기쁨 따위 너절한
삭아 버린 관념의 찌꺼기들
유년의 산길 바위틈에 피어나는 제비꽃 추억도
생각의 무딘 이빨 사이에 끼어 보랏빛으로 시리다

사는 게 詩다

시가 온통 다 시리다

—「詩, 시리다를 위한 변명」 전문

시는 곧 시인의 삶이다. "사는 게 詩다/ 시가 온통 다 시리다"라고 말한다. 이것은 곧 시는 삶이고 시가 시린 것은 삶이 시리다는 뜻을 내포하게 된다. 시가 시리다는 것은 무엇인가? 시는 아픔이고 슬픔이고 좌절이며 절망이라는 말이다. 다시 말해서 시인이 시를 통해 깨달은, 인간 삶의 본질은 아픔이고 슬픔이고 좌절이라는 복합적 감정이라는 뜻이 되겠다. 물을 마셔도 시리고, 비장 췌장 틈 사이 깊이 묻어 두어도 관성처럼 반추되는 신물이 바로 삶이라는 것이다. 엄마의 눈물뼈처럼, 아빠의 땀소금처럼 늑골 깊이 박혀 좀체 빠지지 않는 것이 시인이 생각하는 시린 삶의 정체인 것이다.

그러나 삶이 언제나 시인에게 부정적인 것만은 아니다. '제비꽃 추억', '보랏빛' 과 같이 긍정적 낙관적인 모습으로 다가오기도 한다. 시는 삶처럼 시리기도 하지만 삶을 긍정하고 그 속에서 의미를 발견하고자 애쓸 때 주어지는 뜻밖의 선물 같은 것이기도 하다. 그래서 시인은 삶이 아무리 시린 것이라 해도, 고달프고 힘들지라도 좌절하거나 절망하지 않는다. 그러한 삶의 원동력을 얻는 것은 시인에게 시가 있어서 가능한 일이다. 그러나 시인이 참된 자아를 찾는 것은 그리 녹록한 일이 아닐 것이 분명하다.

3. 고독과 허무라는 운명의 형식

시인의 시에는 시인의 생애, 삶의 과정이 때로는 직설적으로 또는 암유적으로 드러난다. 경남의 한 섬마을에서 태어나 도시로 이주해 와 뿌리내리기 위해 고군분투했던 삶의 과정이 시로 육화되어 나타나고 있기 때문이다.

안개 속인가, 아는 얼굴 하나 없다
한잔 술로 불빛에 떠밀리고
낯선 어깨에 부딪쳐 난파선처럼 가라앉는 저녁답
아! 서울도 섬이구나

나 태어난 섬마을은 오래전 아이들 떠나면서
빈 운동장엔 잡초만 키를 다투고
서울 한복판에서도 사람들 뿔뿔이 신도시로 떠나니
근사하던 학교들이 줄줄이 폐교 위기란다

그런 대학로에 내가 혼자 걷는 것이
전혀 이상하지 않는 것은
누구에게나 낯선 곳은 외딴섬인 것을
파도와 부대끼며 혼자가 되는 것을

오늘, 불빛 찬란한 서울 밤하늘엔
식은 달처럼 폐교 하나 떠 있고
부서진 교문 앞에 홀로 앉아 있는

나를 만난다

—「서울은 섬이다」 전문

시인은 자아를 찾아가는 도정에서 “부서진 교문 앞에 홀로 앉아 있는” 자신을 만나기도 하고 “난파선처럼 가라앉는” 낯선 도시에 외로운 섬처럼 떠서 어디로 갈지 몰라 방황하고 있는 자신을 발견하기도 한다. 시인이 가는 길엔 동행자가 하나도 없다는 사실을 냉철하게 인식한다. 오직 홀로 가야 하는 낯설고 외로운 미지의 길, 고독의 길, 허무의 길이 펼쳐져 있을 뿐이라는 것을 깨닫는다. 소외되고 단절된 도시의 삶 속에서 시인은 불안해하고 방황한다.

그러나 한편으로는 그러한 단절과 소외가 인간의 본질이고 현상이라는 점을 깨달음으로써 인간존재에 대한 근본 각성을 성취하게 된다. “누구에게나 낯선 곳은 외딴섬인 것을/ 파도와 부대끼며 혼자가 되는 것을” 이라며, 하이데거의 말처럼 시인은, 인간이란 이 지구상에 홀로 내던져진 존재 기투자Geworfenheit, 즉 단독자라는 것을 인정하고 그 운명에 순응하게 되는 것이다. 어디에서 왔으며 어디로 가고 있는지 또 어디로 가야 하는지, 왜 오게 되었는지 영문도 모르는 채 태어나 부모 형제 가족을 이루며 더불어 살아가다가 결국 혼자가 되어 이 땅을 떠나가는 것, 그것이 단독자로서 인간에게 주어진 운명의 형식이라는 것을 시인이 처절하게 깨닫는 데서 시의 본뜻이 드러난다. 자아에서 인간 보편성의 차원으로 시세계를 넓혀 가고 있다는 뜻이다. 시인이 그토록 알고자 했던 인간 실존은 시인에게 분명 희망을 주는 것처럼 보이지는 않는다. 그러나 시인은 시를 통해 그러한 상황을 능히 극복할 만큼 충분히 성숙해 있는 모습이다.

4. 우화적 응전 또는, 세태 풍자의 방법론

시인이 발견한 인간 실존의 근원적 형식은 우울하고 절망적인 모습이다. 그러나 시인은 우울에 빠지지는 않는다. 풍자와 해학, 한바탕 야유를 퍼붓고 크게 웃음으로써 우울하고 절망적인 현실을 극복해 내고자 의도하고 있기 때문이다.

이 점에서 시인이 선택한 것은 세태 풍자로서 우화적 응전 방식이다. 그녀의 시는 날카로우면서도 직접적으로 발톱을 드러내지 않고 여러 동물을 내세워 인간 실존의 다양한 표정성을 에둘러 표현하고 있다. 골계와 해학으로 비애를 파괴하고 차단함으로써 삶을 극복해 내려고 하는 판소리 등 전통문학에서의 민중리얼리즘의 방법을 취택하고 있는 것이다. 다시 말해 민족문학에서 골계와 해학으로 인간의 모순과 부조리, 위선성과 위악성을 파괴하고 차단해 낸 것처럼 자신의 시에서도 그러한 방법을 취택하고 있는 것이다. 이는 김지하 시 이후 오랜만에 보게 되는 당당하고 유쾌한 문학적 저항방식에 해당한다.

등 터지며 살았다

허리 구부린 채 쫓기고 몰리며 산타처럼
펑 하고 나타날 고래 꿈을 꾸었다

기적처럼 범고래를 만난 날
검은 윤기 반짝이던 너는
코로 공 굴리며 재롱떠는 피에로였을 뿐
나의 구세주 산타는 아니었다

잘난 놈은 꼴값을 한다더니
겨우 서커스나 수족관에서 밥이나 구걸하고

차라리 못난 놈이면 어떤가
고래가 되느니 대양을 방황하다가
생의 마지막 날 해장국 솥에서
사람들의 쓰린 속이나 풀어 주는 새우로 사는 것이

—「새우의 말」 전문

새우도 태어나서 한때는 대양을 활보하는 큰 꿈을 꾼 적이 있지 않았겠는가? 그러나 이제 새우는 꿈을 꾸지 않는다. 꿀 수 없어 안 꾸는 것이 아니라 꾸어 보았자 자신에게 운명 지워진 새우라는 삶의 굴레, 운명의 한계를 한 치도 벗어날 수 없다는 것을 일찌감치 깨달았기 때문이다. 고래가 되고자 하면 할수록 자신의 모습은 오히려 더 우스꽝스럽고 초라해진다는 사실을 새우는 이미 간파하고 있기 때문이다. 신이 처놓은 꿈이라는 장치, 희망이라는 덫에 걸려 쓸데없이 꿈꾸는 일에 생을 허비하지 않겠다는 시인의 강한 내면 의지, 극복의

지를 보여 주고 있다. 이것이 그의 시에서 삶에 대한 깊은 비애의 정서, 페이소스가 느껴지기도 하는 부분이다.

차라리 자신에게 주어진 삶에 안분지족하며 새우면 새우대로 고래면 고래인 채로, 뱁새가 황새 쫓아가는 일에 결코 목숨 걸지 않는 것이 자신이 지향해 나아갈 삶의 길임을 또한 인식하고 있다. 그러한 인식이 시인을 조금은 슬프게 만드는 것 같지만 그러나 시인은 이미 그 정도의 슬픔의 경계는 훌쩍 넘어서 있는 것이 분명하다. 스스로 삶의 주인, 시의 주체가 되어 세상의 눈치를 보지 않고 자유롭게 살아가는 것, 그것이 시인에게는 더 중요하기 때문이다. 시인의 이러한 주체적 삶에 대한 강한 극복과 초월 의지는 결국 시인의 자존심으로 연결된다. 아래의 시는 그를 잘 대변해 주고 있어 주의를 환기한다.

사람들은 저마다 쉬쉬하며
날렵하고 뾰족하게 코를 세우지

코가 길어질 때마다 거짓말에도 이자가 붙고
불린 이자 복리로 또 불려
쌍꺼풀로 두세 겹 휘장 치고
튀어나온 욕망 숨기려 광대뼈까지 깎아 내는데

그래도 세상 사람들은
삶에 눌려 납작해진 내 코보다
거짓말로 길어진 피노키오 코에 더 열광하지

내 코가 납작하다고?
천만에, 내 코는 은밀하게 속으로만 자라지
나는 내게만 거짓말하니까

잘났어, 똑똑해, 넌 최고야!
매일 아침 거울 보며 내게만
거짓말을 해야 살 수 있으니까

—「피노키오」 전문

흔히 콧대는 인간의 자존심을 표상하는 신체의 일부분으로 상징성을 지녀왔다. "가진 것 없는 사람이 콧대만 높다."느니 하면서 코의 높낮이를 들먹거리며 사람의 높낮이를 평가하는 것이다. 결국 이것은 사람을 판단할 때 그 됨됨이나 마음 씀씀이 등 내면의 가치로 사람을 판단하기보다는 겉으로 드러난 외모를 가지고 사람의 잘나고 못남을 판단하는 것을 비꼬는 말이 되겠다. 시인은 인용 시를 통해 오늘날 열광하고 있는 형식주의, 외모지상주의를 꼬집으면서 진정한 자존심은 외모에 있는 것이 아니라 내면의 자존심에 좌우된다는 것을 강조한다. 사람들은 쌍꺼풀로 두세 겹 휘장을 치고 튀어나온 욕망을 숨기려 광대뼈까지 깎아 내지만 시인은 "천만에, 내 코는 은밀하게 속으로만 자라지"라며 누가 뭐라 하든 겉으로 드러난 외모보다는 오히려 내면의 자존심을 높이는 것에 가치 기준을 두고자 한다. 시인의 인생관을 엿볼 수 있는 대목이라 하겠다. 매일 아침 거울을 보며 스스로에게 최면을 걸면서 자신의 자존심을 지키며 살고자 하는 사람들의 모습이 곧 시인의 시 쓰기에도 그대로 드러나 있다는 뜻이 되겠다.

5. 뒤집어 보기, 역발상의 방법론

또한 시인의 시에는 뒤집어 보기, 거꾸로 보기, 낯설게 하기로서 새롭게 보기, 자유롭게 보기 등과 같은 창조적 · 주체적인 시 정신이 담겨 있어 시 읽는 재미를 더해 준다.

시란 무엇이던가? 시인에게 그것은 곧 삶이라고 말한 바 있다. 어떻게 살 것인가라는 명제는 바꾸어 말하면 그것은 곧 어떻게 시를 쓸 것인가, 어떤 시가 바람직한 것인가에 해당한다. 새롭게 개성적으로 살고 싶고 자유롭게 살고 싶은 것이 시인이 바라는 바람직한 시인의 길이고 삶의 길이다. 그래서인지 시인의 이번 시집에서는 유독 거침없이 당당하면서도 일신우일신日新又日新, 창조적으로 또 주체적으로 살아가는 시인의 시 정신이 돋보인다고 하겠다.

이제 그대들 시대는 갔다

개미들, 임대아파트 하나 장만하자고
얼굴이 까매질 때까지 밤새우며
비정규직 일용직으로 전전하면서 졸라매던
허리띠 이마에 질끈 묶고 주먹 흔들지만

지금은 베짱이 시대
놀고먹고 노래나 부르는 건달이라고?
천만에 요즘은 연예계로 진출해서
스포트라이트 듬뿍 받는다네

한때 나를 문전박대하던 개미들
이젠 내게 사인 한 장 해 달라고 몰려들지
오냐, 사인해 주마
영원한 노예계약서에 흔쾌히 사인해 주마

바야흐로 건달바의 세상이 도래했음이라

—「베짱이 시대」 전문

그렇다. 전 시대에는 죽으나 사나 열심히 땅을 파는 개미의 근면성과 성실성이 최고의 미덕이었다. 성공의 지름길이고 올바른 삶의 자세라 인정받고 환영받았다. 그러나 이제 시대가 급격히 변했다. 정직하고 성실하게 노력하는 것만으로는 성공적인 삶, 보람 있는 삶, 바람직한 삶이라고 여기지는 않는다.

어떻게 하면 좀 더 개성적으로 튀면서 큰 성과를 거둘 수 있을까? 그래서 모두가 일확천금을 꿈꾼다. 이미 진즉에 나라 전체가 한판 투기장이 된 것 같은 양상이다. 너도나도 복권을 사고 증권에 투자하고, 몇천 명 중 한 명에 해당한다는 톱스타를 꿈꾸며 재능과는 상관없이 아이들을 연기학원이나 음악학원에 밀어 넣고 있다. 톱스타가 되고, 잘나가는 운동선수가 되는 것이 이 시대 많은 사람들의 로망이 되었다. 이러한 세태 변화를 그녀는 위의 시를 통해 적절하게 포착해 내고 있다. 과거의 관습과 인식에 묶여 오늘의 변화를 무시하거나 외면하지 않는다. 자신의 가치관 생각과 다르다 하여 비아냥거리거나 비판하지도 않는다. 발상의 전환, 인식의 전환을 통해 새 시대의 인식구조에 자신을 맞추려는 존재의 전환을 꾀하고 있는 것이다. "천만에 요즘은 연예계로 진출해서/ 스포트라이트 듬뿍 받는다네// 한때 나를 문전박대하던 개미들/ 이젠 내게 사인 한 장 해 달라고 몰려들지"라는 구절은 베짱이 입장에서 보면 얼마나 통쾌한 반격인가? 베짱이가 노래하는 것은 자신이 할 수 있는 일에 최선을 다하는 것이었는데 그동안 우리 사회는 어떠했는가? 일례로 운동이나 예술계에 종사하는 사람을 깔보고 선입견, 편견으로 매도하지 않았는가. 그러나 이제 사회가 변했다. 김연아 선수에게 환호하고 소녀시대, 싸이의 〈강남스타일〉이 외국 여러 나라들에 우리나라의 대표 브랜드로 인식되고 있지 않은가. 새로운 세상이 열리고 있는 것이다. 시인은 이러한 시대 변화 사회 변동상을 놓치지 않고 재빠르게 수용하면서 창조적이고 주체적으로 자신의 삶을 능동적으로 유연하게 변화시켜 나아가고자 한다. 앞으로 시인의 시적 행보가 어떻게 열려 갈 것인지 자못 기대된다.

6. 해학의 미학, 자유에의 길

자신이 누구인지를 깨닫는 것이 삶을 주체적으로 살기 위한 기본조건이다. 자신이 누구인지, 자신이 어디에 서 있는지도 모르면서 어떻게 자유를 말하고 평등을 논의하며 주체적인 삶을 꿈꿀 수 있겠는가?

김 시인의 시 속에는 자신의 존재에 대한 지속적인 탐구와 모색이 드러나 있다. "나는 누구인가, 어떻게 사는 것이 잘 사는 길일까?"라는 질문을 스스로에게 던지고 있는 것이다. 이러한 물음은 동서양 모든 철학자들의 중요한 화두가 되어 왔고, 그들 나름대로 논의를 펼치고 결론 내려 왔지만 그 어떤 것도 절대적인 답이 될 수 없는 것이 사실이다. 사람들은 신께 각기 다른 운명을 부여받고 태어났기 때문이다. 더구나 정신의 가장 높은 움직임을 탐구하고 형상화하는 시인에 있어서랴. 시인에게도 시인 자신만의 운명이 있는 것이다.

그렇게 본다면 시인에게 시 쓰기는 바로 새로운 운명이고, 삶의 사학이며 자신의 존재를 재발견하는 일인 셈이다. 시인이 시를 잘 쓰고자 하는 것은 보람 있고 가치 있게 잘 살기 위해서다. 잘 산다는 것은 무엇인가? 그것은 자신이 삶의 주체가 되어 무엇에도 구애받지 않고 자유로운 존재가 되어 창조적으로 사는 것이 아니겠는가?

살자고 먹다 보니 죽자고 방귀가 나온다
민망한 마음에 항문 옆에 구멍 여덟 개 뚫었다
도, 레, 미, 파, 솔, 라, 시, 도
요즘은 사람들 내 방구 소리가 아름답단다
숙련 잘된 요즘은 좋은 사람 만나면 발라드 방구
미운 놈 만나면 헤비메탈로 분위기를 깨 버린다

이제는 글로벌 시대, 국악 양악 합치려고
반대쪽에 다섯 개 구멍 더 뚫었다
궁, 상, 각, 치, 우
술 한잔 마시고 거나하게 취하면
춘향가 심청가 판소리 가락 항문 높여 나온다
그러다 어떨 때는 항문 쉰 소리로 피익

그래, 자고로 잘 먹기보다는 잘 싸는 게 행복이라
오늘도 나는 나물먹고 물 마시고 팔베개로 누워
판소리로 발라드를 노래한다

—「방귀」 전문

시인은 거침없는 자기 솔직성과 해학을 통해 자기 폭로와 발산, 카타르시스로서 자기해방, 자유정신을 마음껏 표출하고 있어 시를 읽는 이로 하여금 유쾌, 상쾌, 통쾌함으로써 자유로움, 편안함을 느끼게 한다. 시인은 일체의 체면과 염치, 가식을 벗어던지고 과감히 자유롭게 사는 길을 선택한 것처럼 보인다. 이러한 자기표현의 솔직성과 자유로움은 시인이 삶에 대한 끈질긴 모색과 방황을 통해 체득한 자신만의 잘 사는 방법일 수도 있다.

사실 그렇지 않은가? 세끼 밥을 먹고 살아가는 사람이라면 방귀 안 뀌는 사람이 어디 있겠는가? 그런데 우리는 어떤가? 밥도 안 먹고 방귀도 절대 안 뀌고 똥도 안 누고, 물만 먹고 이슬만 먹고 사는 사람처럼 살아가고 있지는 않는가? 시인은 인간의 억눌린 본성과 리비도를 해학과 위트, 풍자의 기법을 통해 적나라하게 표출해 냄으로써 인간해방을 꿈꾸고 있는 것이다. 인간은 누구나 밥을 먹어야 살고 밥을 먹으면 배설하는 것이 자연스러운 생리현상이다. 따라서 인간은 욕망 앞에서 평등하고 본능 앞에서 평등하며 살기 위한 생존 조건 앞에서 평등한 것이기 때문이다. 그래서 시인은 항문 쉰 소리로 '피익', 방귀를 뀌며 억눌린 욕망에서 과감히 벗어나고 싶어 한다. 아니 염치와 체면을 훌훌 벗어던지고 해방과 자유의 길로 나아가고자 한다. "도, 레, 미, 파, 솔, 라, 시, 도/ 궁, 상, 각, 치, 우" 방귀 소리가 다양한 것처럼 시인은 삶에서 해방됨으로써 자유로워지고 싶어 한다.

참인간의 길이란 무엇인가? 신이 창조한 인간의 본성대로 살아가는 것이 참인간의 길이 아니겠는가? 어떤 이유로든 억압되고 억눌린 상태는 자연스러운 상태, 편안한 상태가 아닌 것이다. 시인은 이러한 억압을 골계와 해학, 위트의 기법을 통해 해방시키고 극복해 내고자 한다. 이러한 표현기법을 민중리얼리즘이라고 불러 볼 수는 없겠는가.

민중리얼리즘이란 무엇인가? 민중이 주체가 되어 자신들의 아프고 슬프고 부끄러운 삶에 대한 이야기를 솔직하고 거침없이 표출해 냄으로써 삶에 대해 긍정, 달관, 극복하려는 의지를 일깨우는 일종의 정신적 카타르시스 또는 해방의 노력을 뜻한다고 할 수 있겠다. 우리나라에서 이러한 민중리얼리즘은 탈춤이나 판소리에 잘 드러나 있다. 소리꾼들이 탈을 쓰고 우스꽝스러운 춤을 추며 자신들을 억압하고 있는 사회

제도와 양반 지주들을 비아냥거리고 비판할 때 이 땅 민초들은 한바탕 크게 웃으며 가슴에 맺힌 한을 잠시나마 풀었던 것이다. 이처럼 찢어지게 아프고 슬픈 이야기도 민중들은 골계와 해학으로 파괴하고 너스레를 떨며 슬픈 긍정을 통해 오히려 참삶에 대한 긍정을 획득하려 노력한 것이다. 김미숙 시인의 시가 성공적인 것도 여기에서 그 해답을 찾을 수 있겠다.

7. 카타르시스 또는 자유와 평등 해방의 길

잘 먹고 잘 배설하는 일, 본성으로 돌아가는 것, 해방되어 편안하고 자연스러운 상태로 돌아가고자 하는 것은 인간 본성에 해당한다. 이러한 카타르시스의 상태, 즉 웰빙well being, 웰두잉well doing함으로써 자연스러움, 자유스러움을 누리는 것을 일찍이 아리스토텔레스는 '행복' 이라 말하지 않았던가.

다 어디로 갔나
고래를 고래라고 이름 붙이고
신화의 대명사로 떠받들던 그 사람들
그들이 멸치라고 이름 붙인 순간부터
나는 졸렬함의 전설 속에서 멸치로 살았다

묻겠다, 내가 당신들에게 무어 그리 졸렬했던가를
한 입 거리도 안 되는 나를 짓씹으며
세상을 씹는다고 착각하는 당신들

우리는 사할린 북쪽에서 남태평양 끝까지
해저 2백 미터 대륙붕 산맥을
가로지르며 누볐다

소주 한 잔에 내 대강이를 씹어 대며
스스로를 위대하다고 믿는 당신들에게
오늘은 나 스스로를 멸치라고 불러 주마

창공을 단숨에 가르는 솔개도
하루에 다섯 뼘 겨우 간다는 달팽이도
그대들의 생각 속에서일 뿐

나는 고래의 신화가 되기를 거부한다
다만 나의 신앙이 되기를 바랄 뿐

—「멸치 공화국」 전문

인간의 참된 가치, 참된 모습을 재는 척도는 무엇일까? 시인은 고래는 고래의 자로 재어야 하고 멸치는 멸치의 자로 재어야 한다고 역설한다. 인간 평등과 자유의 본성을 제대로 파악하고 인식한 내용이라 볼 수 있다. 고래는 스스로 당위적 존재이고 소중한 존재라고 생각하고 멸치 또한 별 볼 일 없는 하찮은 존재로 취급당하는 것을 거부한다. 다시 말해 고래와 멸치는 크기와 사용가치는 달라도 생명 앞에서 평등한 존재이며 삶 앞에서 평등하다는 것을 강조하고 있다. 멸치를 재기 위해 고래 잴 때 사용하는 자를 사용한다면 제대로 잴 수도 없으며 전혀 바람직한 일이 아니다. 이와 마찬가지로 고래를 재고자 하면서 멸치를 잴 때 사용하는 조그만 자를 들고 설친다면 그 얼마나 우스운 일이 되고 말겠는가? 그런데 이런 일들이 오늘날 우리 인간사에서 다반사로 일어나고 있으니 참으로 안타까운 현실이 아닐 수 없다고 시인은 개탄하고 있다. "창공을 단숨에 가르는 솔개도/ 하루에 다섯 뼘 겨우 간다는 달팽이도/ 그대들의 생각 속에서일 뿐" 이라며 시인은 이러한 현실이 얼마나 자기도취적이고 이기적인 현실인식의 소치인지를 비판하고 있다. 시인은 이러한 인간 사회의 현실적 모순과 부조리를 날카롭게 지적하면서 자신이 그러한 잘못된 판단의 도그마에 좌우되는 것을 강력하게 거부한다. 차라리 스스로를 멸치라고 부르는 행위, 그것이 인간 평등을 외치는 행위인 동시에 인간 해방을 강조하는 내용이 된다. 실상 '멸치 공화국' 이라는 제목은 이러한 주체 선언, 평등 선언을 외치는 독립선언서의 의미를 지니는 것이 분명하다. 시인의 이런 자존심과 주체성 강조는 시인의 다른 시편들 곳곳에서도 발견되고 있어 시를 읽는 이로 하여금 각성과 반성을 촉구한다.

8. 맺음말

김미숙 시인의 이번 시집 『멸치 공화국』은 읽을거리가 풍부하다. 내용적인 면에서나 표현 방법적인 면에서 한층 더 깊어지고 넓어졌다. 해학과 풍자, 야유와 비꼼 뒤에 숨어 있는 아웃사이더들의 은근한 자기만족 내지는 자존심, 그리고 주체성을 엿보는 것도 시를 읽는 재미를 더해 준다. 그러나 무엇보다도 인간에 대한 참된 이해가 이번 시집에서는 두드러진다고 하겠다. 인간 내면에 도사리고 있는 위선과 모순, 그리고 오만과 편견을 솔직하게 들여다보고 해학과 풍자의 방법을 통해 자기모순과 위선을 극복하고 진정한 정신적인 자유와 평등심을 발견하고자 하는 시인의 치열한 시 쓰기가 한편으로는 안쓰럽지만 든든하게 느껴지기 때문이다. 그것은 곧 참된 삶, 가치 있고 정의로운 삶을 향해 나아가고자 하는 시인의 치열한 시정신이기도 하여 근래에 보기 드물게 감동을 던져 준다. 이에 새삼 격려의 박수를 보낸다.

앞으로 김 시인의 시 쓰기가 어디까지 발전해 갈지 자못 기대하는 바가 큰 것도 이 때문이라 하겠다. 치열성과 진정성, 일관성과 성실성을 잃지 말고 초심을 간직하여 더 큰 시인으로 대성해 가기를 희망한다.

시인 김미숙 金美淑

'별주부전의 고향' 경남 사천시 비토섬 출생
1998년『시와시학』봄호로 등단
시집『피는 꽃 지는 잎이 서로 보지 못하고』
『눈물 녹슬다』
『탁발승과 야바위꾼』
『저승 톨게이트』
교육에세이집『첫아이 유치원 보내기』
제15회 시와시학 젊은시인상 수상
교육학을 전공하고 경남대 출강 중

E-mail : Kms55@unitel.co.kr

멸치 공화국

지은이 | 김미숙
펴낸이 | 김재돈
펴낸곳 | 도서출판 시와시학
1판1쇄 | 2014년 4월 30일
출판등록 | 2010년 8월 10일
등록번호 | 제2010-000036호
주소 | 서울 종로구 명륜동1가 42
전화 | 744-0110
FAX | 3672-2674
값 10,000원

ISBN 978-89-94889-72-6 03810